COMITÉ RÉPUBLICAIN

DU CANTON

DE LA GUICHE

STATUTS

NOM et PRÉNOMS {

DE L'ADHÉRENT : {

DOMICILE : {

MACON

IMPRIMERIE GÉNÉRALE

1889

COMITÉ RÉPUBLICAIN

DU CANTON

DE LA GUICHE

❧

STATUTS

❧

NOM et PRÉNOMS ⎰ _____

DE L'ADHÉRENT : ⎱ _____

DOMICILE : _____

❧

MACON

IMPRIMERIE GÉNÉRALE

—

1889

COMITÉ RÉPUBLICAIN

DU CANTON

DE LA GUICHE

STATUTS

Les électeurs républicains du canton de La Guiche, s'unissant dans le but de contribuer à fonder l'union républicaine dans le département, font appel à tous les républicains pour centraliser leur action, sous ce titre de « Comité républicain du canton de La Guiche ».

ARTICLE PREMIER.

Les adhérents du Comité républicain convoqués en réunion plénière, nommeront, au bulletin secret et au scrutin de liste : 1° un président ; 2° deux vice-présidents ; 3° un secrétaire et un secrétaire-adjoint ; 4° un trésorier et un trésorier-adjoint.

Le nombre des adhérents est illimité.

Les cotisations de chaque membre ne seront

pas inférieures à 2 francs par année, et seront employées selon les moyens de la caisse à la propagande républicaine dans le canton.

Art. 2.

Le président aura l'initiative des convocations des adhérents en assemblée générale. Il assurera la bonne tenue et l'ordre dans les discussions.

Lorsque le président voudra prendre la parole, il se fera remplacer par un des vice-présidents et à défaut par un membre du bureau.

En l'absence du président, le vice-président devra le suppléer dans cette charge avec tous les pouvoirs ci-dessus, attribués au président.

A chaque période électorale, le président devra convoquer d'urgence tous les membres du Comité en assemblée générale.

Quinze membres du Comité pourront demander la convocation du Comité quand ils le jugeront nécessaire.

Art. 3.

Le secrétaire et le secrétaire-adjoint sont chargés des procès-verbaux, de la correspondance qui devra toujours être signée par le président ou l'un des vice-présidents, et de la convocation des membres du Comité.

Art. 4.

Le trésorier est chargé de recevoir, avec l'aide du trésorier-adjoint, les dons mensuels et les dons individuels ; il devra tenir ces comptes à jour, afin que le Comité puisse vérifier les livres quand il le désirera. Il devra donner le compte rendu de l'état des finances, tous les ans, en assemblée générale.

L'argent en caisse sera déposé dans une banque, ou à la Caisse d'épargne, suivant la volonté du Comité.

Art. 5.

Pour l'extension des intérêts du Comité, des délégués seront nommés dans chaque commune en assemblée générale. Ils seront convoqués à chaque réunion du bureau et auront voix délibérative.

La mission des délégués consiste à éclairer le Comité et à s'entendre avec lui sur toutes les questions importantes intéressant la commune, à percevoir les cotisations des adhérents de la localité et à propager les idées républicaines.

Art. 6.

Le Comité a pour mission de préparer les élections. Son but est l'extension des idées républicaines dans le canton pour assurer le triomphe des candidats républicains aux élections à tous les degrés.

Art. 7.

Tout membre qui aura à faire une proposition écrite devra la faire inscrire à l'ordre du jour, pour qu'elle soit discutée le plus promptement possible.

ART. 8.

Le bureau du Comité est nommé pour un an ; il est rééligible.

ART. 9.

Tout citoyen électeur acceptant les présents statuts pourra faire partie du Comité républicain en en faisant la demande par écrit et sur la présentation d'un membre; toutefois, le Comité se réserve le droit de statuer sur son admission définitive.

Le bureau se réunira tous les trois mois; les membres intéressés pourront prendre part à ses réunions.

ART. 10.

En cas de dissolution violente, le Comité aura pour devoir et mission de verser les fonds en caisse à une œuvre démocratique ayant le même but.

ART. 11.

Les présents statuts sont toujours revisables en assemblée générale.

Un exemplaire en sera délivré à chaque membre.

Le bureau a été définitivement constitué, en assemblée générale, le 23 décembre 1888.

Ont été élus :

Président...... Croizat, Léon, conseiller général.

Vice-Présidents. { Renaud, Jacques, à La Guiche.
Monnier, Etienne, à Chevagny.

Secrétaires..... { Langeron, Paul, à Pouilloux.
Ringenbach, Ernest, à La Guiche.

Trésoriers ..... { Hiver, Paul, à La Guiche.
Debarnot, Claude, à La Guiche.

LISTE DES DÉLÉGUÉS

NOMMÉS EN ASSEMBLÉE GÉNÉRALE

NOMS DES COMMUNES.	NOMS DES DÉLÉGUÉS COMMUNAUX
La Guiche..........	
Le Rousset........	
Marizy.............	
Pouilloux.........	
St-Marcelin-de-Cray ..	
St-Martin la-Patrouille	
St-Martin-de-Salencey	
Collonges	
Chevagny-sur-Guye..	
Joncy.............	
Ballore	

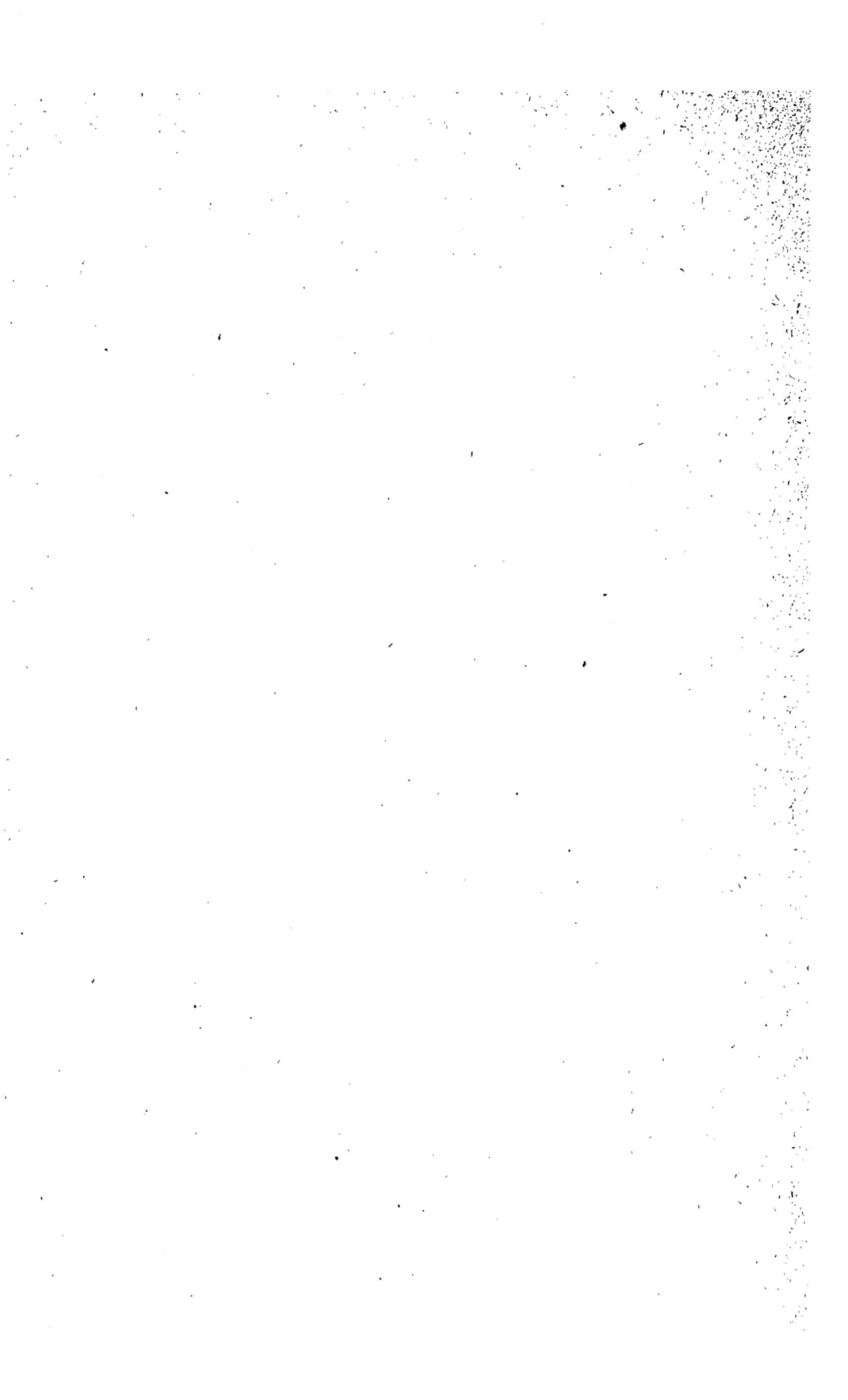

DATE DES VERSEMENTS.	SOMMES VERSÉES.

DATE DES VERSEMENTS.	SOMMES VERSÉES.

DATE DES VERSEMENTS.	SOMMES VERSÉES.

— 14 —

DATE DES VERSEMENTS.	SOMMES VERSÉES.

DATE DES VERSEMENTS.	SOMMES VERSÉES.	

|0|